Indoor House Gardens

INDOOR HOUSE GARDENS
Copyright © 2015 Instituto Monsa de ediciones

Editor, concept, and project director
Josep María Minguet

Project's selection, design and layout
Patricia Martínez (equipo editorial Monsa)

INSTITUTO MONSA DE EDICIONES
Gravina 43 (08930)
Sant Adrià de Besòs
Barcelona (Spain)
Tlf. +34 93 381 00 50
www.monsa.com
monsa@monsa.com

Visit our official online store!
www.monsashop.com

Follow us on facebook!
facebook.com/monsashop

ISBN: 978-84-15829-92-8
D.L. B 12533-2015
Printed by Grafilur

Introduction

For some time, residential architecture has not been limited simply to creating a place to live, but also to providing a quality of life for its occupants, which often includes a space where nature can be present.

Current issues such as overpopulation and pollution force to us to make an effort to construct more sustainable and humane residences.

The connection between the home and nature, as well as respect for nature, are increasingly important, in addition to the necessity of having a green space, like a private patio.

This is the topic of the present book: urban housing projects, which have an indoor patio that becomes its own little oasis.

Our commitment to ecology and to the future of the planet is growing, especially taking into account the issue of increasingly overcrowded and polluted cities due to population growth. Luckily, we have in our favor more and more innovative solutions proposed by architects, along with new materials and imaginative architectural techniques, which allow us to build buildings that are more sustainable and ecological.

La arquitectura residencial hace tiempo que no se limita a crear simplemente un lugar para vivir, si no que también intenta proporcionar calidad de vida a sus ocupantes, lo cual implica muchas veces incluir en el proyecto un espacio donde pueda entrar la naturaleza.

Los problemas actuales de superpoblación y de contaminación, nos obligan a realizar esfuerzos para construir residencias más sostenibles y humanas.

Cada vez es más importante la conexión entre la vivienda y la naturaleza, el respeto por ella, además de la necesidad de disponer de un espacio verde, como un patio privado.

Esta es la idea del presente libro: proyectos de vivienda urbanos, los cuales tienen un patio interior que se convierte en su pequeño oasis particular.

Nuestro compromiso con la ecología y con el futuro del planeta es cada vez mayor, sobretodo teniendo en cuenta el problema de las ciudades cada vez más masificadas y contaminadas por el crecimiento de la población. Por suerte tenemos a nuestro favor las soluciones cada vez más innovadoras que proponen los arquitectos, con nuevos materiales y técnicas arquitectónicas imaginativas, para conseguir edificios cada vez más sostenibles y ecológicos.

Outdoor area
Espacio exterior

Urban environment
Entorno urbano

Rural environment
Entorno rural

Interior courtyard
Patio interior

Water feature
Elemento acuático

Superfícies duras
Hard surfaces

Zona verde
Green area

House at Shimogamo

Edward Suzuki Associates
Shimogamo Yakocho Sakyoku, Kyoto, Japan
Photos: © Yasuhiro Nukamura

"To see green from every room" was the client's request. The Interface concept was used to fulfil this request and provide maximum space in a limited area.
Interface uses a peripheral screen behind which a green zone is installed. This combination acts as a filter, as a buffer zone that enhances communication between inside and out.

"Poder ver verde desde todas las habitaciones" era todo lo que el cliente pedía. Con el fin de cumplir este deseo y dotar de amplitud un emplazamiento reducido, el concepto aplicado fue el de "Interface".
"Interface" consiste en una pantalla periférica detrás de la cual se instala una zona verde. Esta combinación actúa como filtro, como zona de amortiguación que lubrica la comunicación entre interior y exterior.

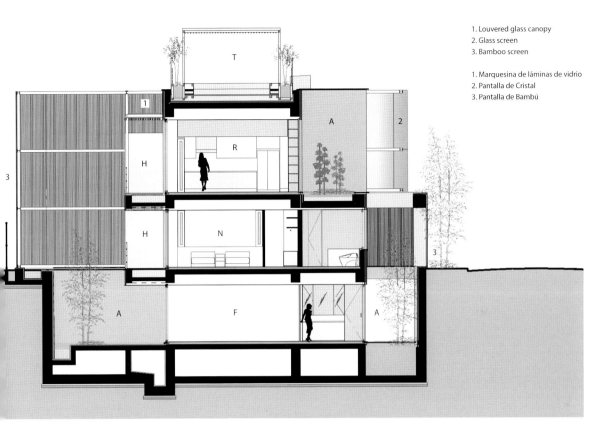

1. Louvered glass canopy
2. Glass screen
3. Bamboo screen

1. Marquesina de láminas de vidrio
2. Pantalla de Cristal
3. Pantalla de Bambú

ection
ección

A. Patio	H. Terrace	O. Walk-in-closet	A. Patio	H. Terraza	O. Guardarropa
B. Japanese room	I. Garage	P. Living room	B. Habitación japonesa	I. Garaje	P. Sala de estar
C. Pit	J. Storage	Q. Dining room	C. Hoyo	J. Almacenamiento	Q. Comedor
D. Storage	K. Entry	R. Kitchen	D. Almacenamiento	K. Entrada	R. Cocina
E. Guest room	L. Foyer	S. Pantry	E. Habitación de invitados	L. Vestíbulo	S. Despensa
F. Play room	M. Bedroom	T. Roof terrace	F. Sala de juegos	M. Dormitorio	T. Azotea
G. Study	N. Master bedroom		G. Estudio	N. Dormitorio principal	

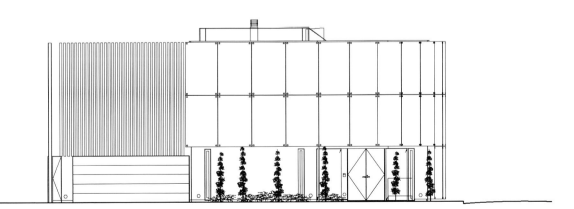

evation
zado

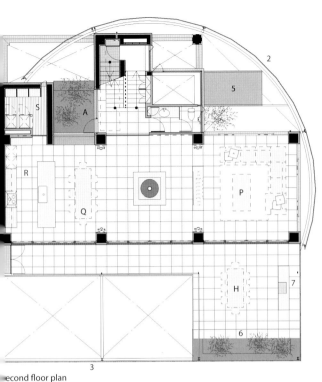

A. Patio	H. Terrace	O. Walk-in-closet
B. Japanese room	I. Garage	P. Living room
C. Pit	J. Storage	Q. Dining room
D. Storage	K. Entry	R. Kitchen
E. Guest room	L. Foyer	S. Pantry
F. Play room	M. Bedroom	T. Roof terrace
G. Study	N. Master bedroom	

A. Patio	H. Terraza	O. Guardarropa
B. Habitación japonesa	I. Garaje	P. Sala de estar
C. Hoyo	J. Almacenamiento	Q. Comedor
D. Almacenamiento	K. Entrada	R. Cocina
E. Habitación de invitados	L. Vestíbulo	S. Despensa
F. Sala de juegos	M. Dormitorio	T. Azotea
G. Estudio	N. Dormitorio principal	

1. Louvered glass canopy	1. Marquesina de láminas de vidrio
2. Glass screen	2. Pantalla de Cristal
3. Bamboo screen	3. Pantalla de Bambú
4. Skylight	4. Claraboya
5. Glass canopy	5. Marquesina de vidrio

Second floor plan
Segunda planta

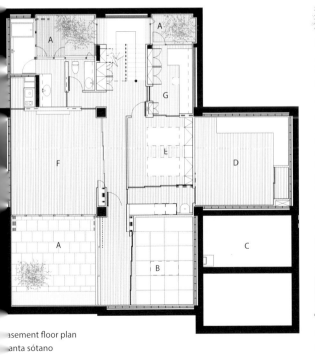

Basement floor plan
Planta sótano

Ground floor plan
Planta baja

13

Vertical smoked bamboo blinds are one of the screen types used for the Interface. The other is a circular glass screen that surrounds and protects the second floor on the northeast side.

Las persianas de bambú ahumado en vertical es uno de los dos tipos de pantalla utilizadas por el "Interface". El otro, la pantalla de vidrio circular que envuelve y protege el segundo piso en el noreste.

The unlikely twins

Barthélemy-Ifrah Architecture
Colombes, France
Photos: © Y. Marchand and R. Meffre

A fully glazed patio is the starting point for this project. The house, wedged between the police station and a dense urban landscape, needs to be flooded with light.

Un patio totalmente acristalado es el punto de partida de este proyecto. La vivienda, adosada entre la comisaría de policía y un denso tejido urbano, demuestra necesidad de ser inundada de luz.

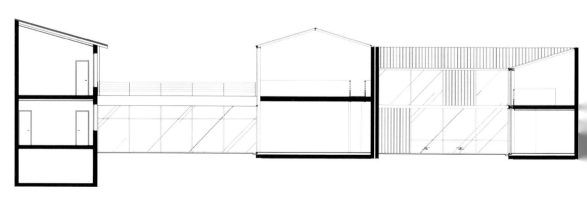

Section
Sección

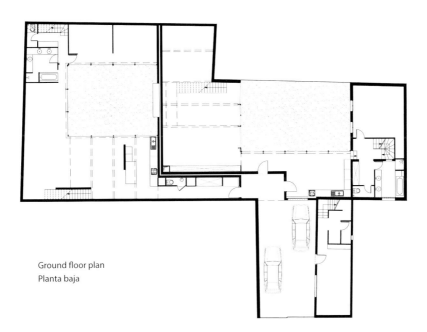

Ground floor plan
Planta baja

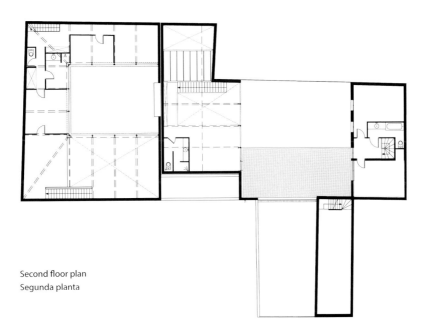

Second floor plan
Segunda planta

Kempart Loft

Dethier Architectures
Liège, Belgium
Photos © Serge Brison

The "loft", once an example of modern architecture, is now bordering on the stereotypical. Or at least that is the belief of Daniel Dethier, the architect who renovated this former industrial bakery, to convert it into a loft with a difference. It helped that he empathised with his client, a precision engineering fan. The house is a happy combination of the two.

Lo que nació bajo el nombre de "loft" como un ejemplo de arquitectura de vanguardia actualmente bordea el estereotipo. O, al menos, eso es lo que cree Daniel Dethier, el arquitecto que reformó esta antigua panadería industrial para convertirla en un loft distinto. Ayudó la empatía con el cliente: un amante de la ingeniería de precisión. La casa es el feliz alumbramiento de los dos.

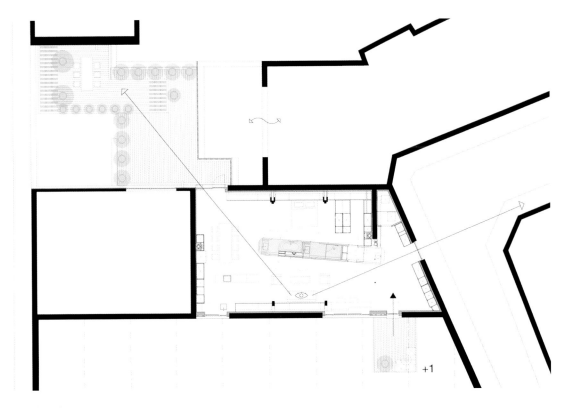

Floor plan
Planta

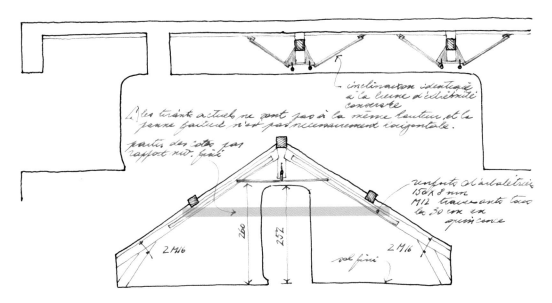

Schematic cross section and detail of roof structure
Sección transversal esquemática y detalle de la estructura del techo

With obstacles such as crosspieces removed and beams strengthened, an empty space of 154 m² was left. The central section distributes the space and houses the bathrooms.

Tras eliminar obstáculos como los tirantes y reforzar las vigas, quedó un vacío de 154 m². El módulo central distribuye el espacio, además de contener los baños.

House in Savion

Alex Meitlis
Savion, Israel
Photos: © Yael Pincus

Gardens, open spaces and pool occupy three quarters of this project site. In this space, high walls divide the different environments and create alternative routes for natural light. Every room in the house opens to an adjacent terrace and landscaped area: the windows, like frames for their natural environment, foster a close dialogue between outside and inside.

Jardines, espacios abiertos y piscina ocupan tres cuartas partes del terreno del proyecto. En este espacio, altas paredes diversifican los ambientes y permiten vías alternativas en la iluminación natural. Todas las habitaciones de la vivienda se abren a terrazas adyacentes y espacios ajardinados: las ventanas, como marcos del entorno natural, propician un estrecho dialogo entre el exterior y el interior.

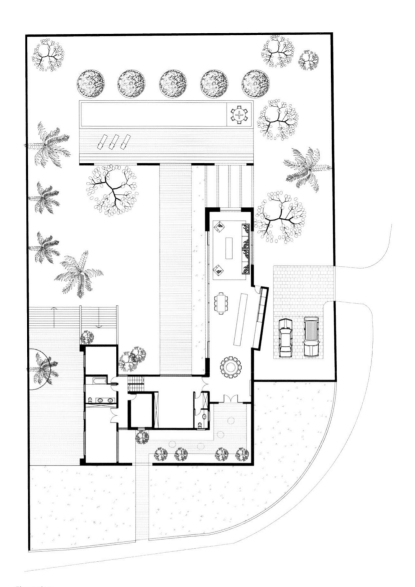

Floor plan
Planta

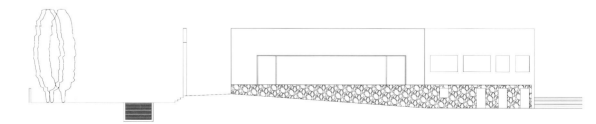

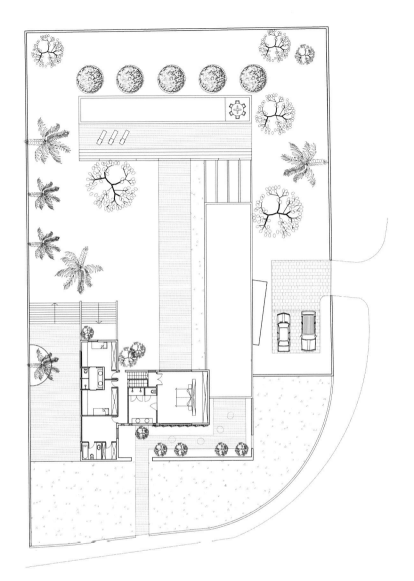

Second floor plan
Segunda planta

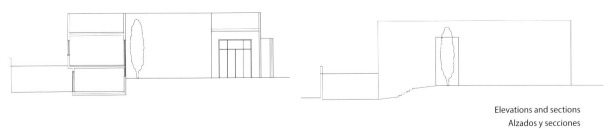

Elevations and sections
Alzados y secciones

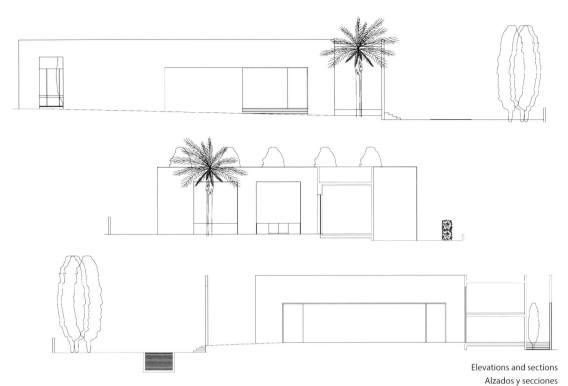

Elevations and sections
Alzados y secciones

Sun House

Guz Architects
Singapore, Republic of Singapore
Photos: © Patrick Bingham-Hall

The central courtyard, defined by the L-shape footprint of the house, is dominated by a large fishpond and swimming pool, separated by a hidden seam. An open terrace with roof garden, situated on the other side of the house, attempts to envelop the aquatic ensemble that is made up of the pond, pool and large courtyard.

El patio central, definido por la forma en L de la planta de la vivienda, lo ocupan en su mayor parte un amplio estanque con peces y una piscina separados por una juntura oculta. Una terraza abierta, con un jardín en su cubierta y situada en un espacio opuesto a la vivienda, busca envolver el conjunto acuático que conforman el estanque y la piscina en el amplio patio.

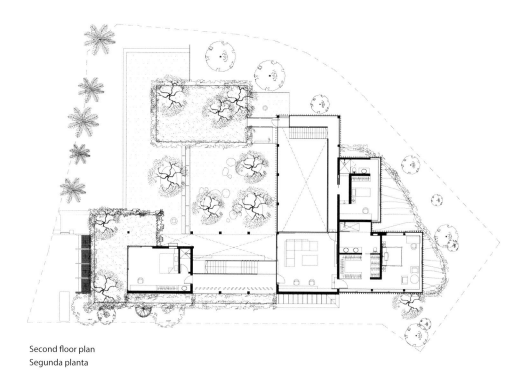

Second floor plan
Segunda planta

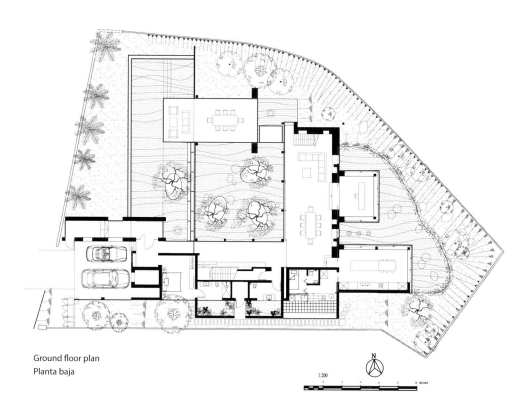

Ground floor plan
Planta baja

1:200

N

The sense of scale in the courtyard is carefully regulated: the archipelago of parterres and trees that occupy the space are the centre of attention.

La sensación de escala en el patio está cuidado-samente regulada: un archipiélago de parterres y árboles que ocupan el espacio actúan como centro de atención.

Loft Sangervasio

Massimo Adiansi
Brescia, Italy
Photos © Barbara Bonomi, Gabriele Gatta

The design for this loft, an old garage conversion, sought to preserve the essence of the original space. The style made use of the original structure, adding materials that evoke the building's industrial past: oak slats from old casks, slate in the bathrooms, a bare brick wall and the iron of the spiral staircase.

El diseño de este *loft*, que es el fruto de la reforma de un antiguo garaje, buscaba conservar la esencia del espacio original. El estilismo aprovecha la estructura original y añade materiales que recuerden el uso industrial del edificio: el suelo de madera de roble obtenido de viejas barricas, pizarra en los baños, una pared de obra vista y el hierro de la escalera de caracol.

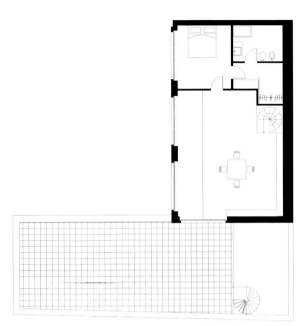

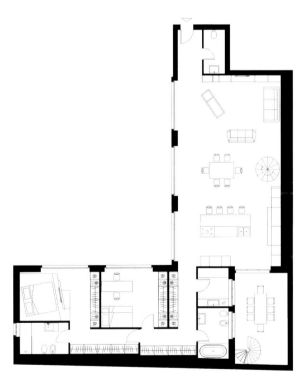

Floor plans
Plantas

House like a museum

Edward Suzuki Associates
Kamakura City, Kanagawa Pref., Japan
Photos: © Yasuhiro Nukamura

The owner's initial idea was that the house should "look to the outside". The proximity of the neighbouring houses and shops led to this idea being abandoned in favour of "looking in". The house's rectangular silhouette stretches to the limits of the plot, thereby allowing for a spacious, 15-meter diameter circular courtyard to be located in the centre.

Situada en una zona mixta comercial/residencial, la primera idea de la propietaria era que la casa "mirase hacia afuera" La proximidad de casas vecinas y tiendas hizo abandonar esa idea por la de "mirar hacia adentro". La silueta rectangular de la vivienda se empuja hasta los límites de la propiedad, permitiendo así situar en el centro un amplio patio circular de 15 metros de diámetro.

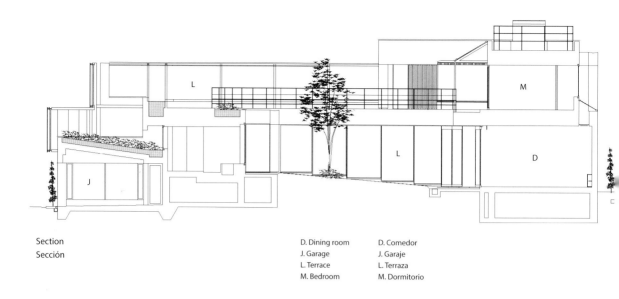

Section

Sección

D. Dining room   D. Comedor
J. Garage   J. Garaje
L. Terrace   L. Terraza
M. Bedroom   M. Dormitorio

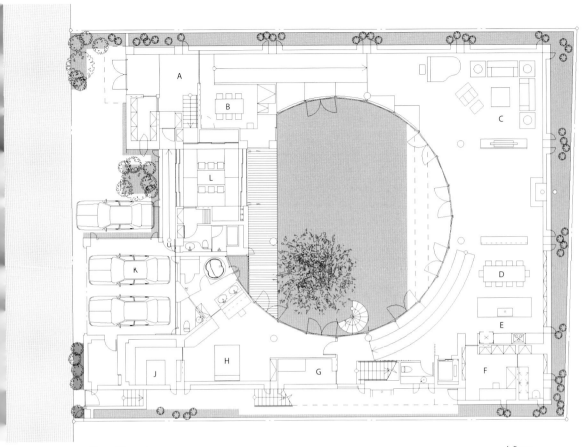

Ground floor plan
Planta baja

A. Foyer
B. Study
C. Living room
D. Dining room
E. Kitchen
F. Utility
G. Storage
H. Master bedroom
J. Walk-in-closet
K. Garage
L. Japanese room

A. Vestíbulo
B. Estudio
C. Sala de estar
D. Comedor
E. Cocina
F. Lavadero
G. Almacenamiento
H. Dormitorio principal
J. Guardarropa
K. Garaje
L. Habitación japonesa

Elevation
Alzado

"Go in to go out" is the slogan used in its design. The pivotal idea is to allow each and every room to be orientated towards and have views over the garden.

"Go in to go out" es el lema utilizado en el diseño de la vivienda. La idea central es permitir que todas y cada una de las habitaciones estén orientadas y tengan vistas del jardín central.

Utility
Terrace
. Bedroom
. Family room

Lavadero
Terraza
. Dormitorio
 Habitación familiar

SKYLIGHT

OPEN

OPEN

OPEN

L

M

M

M

M

SKYLIGHT

N

F

Second floor plan
Segunda planta

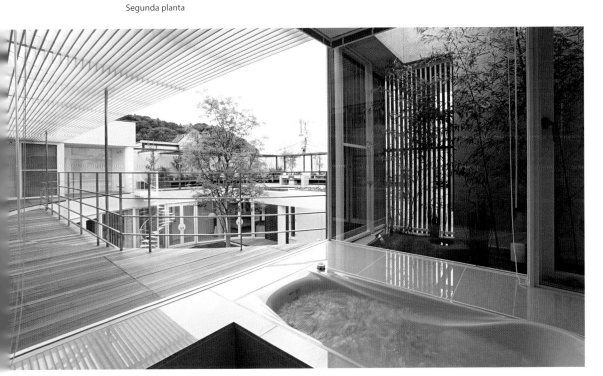

House in Mishimikuni

arbol
Nishimikuni, Yodogawaku Osaka Pref., Japan
Photos: © Yasunori Shimomura

Dwarfed by adjacent tall buildings, this house is kept private by means of a wood fence, which also brings a natural touch to the property in contrast with the grey and polluted urban surroundings. The gardens add another level of separation between the house and the fence that encircles it. The gardens are narrow strips of planting beds and gravel, enough to evoke a sense of calm.

Empequeñecida por los altos edificios contiguos, esta casa mantiene su privacidad gracias a una valla de madera. Esta característica le da un toque natural y la distingue del urbanismo gris y contaminado de su entorno. El jardín añade una separación más entre la casa y la valla limítrofe. Los jardines son estrechas franjas de plantas y guijarros, lo suficiente para evocar una sensación de calma.

A. Parking
B. Entrance
C. Storage
D. Bedroom
E. Living/Dining
F. Tatami
G. Kitchen
H. W/C
I. Lavatory
J. Bathroom
K. Garden

A. Parquing
B. Entrada
C. Almacenamiento
D. Dormitorio
E. Salón/Comedor
F. Tatami
G. Cocina
H. W/C
I. Aseo
J. Baño
K. Jardín

Floor plan
Planta

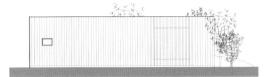

South elevation
Alzado sur

East elevation
Alzado este

Section A
Sección A

Section B
Sección B

A narrow deck cantilevers over the ground
bringing out a sense of lightness. Despite
the reduced dimensions of the property, the
gardens make the property less confined
adding to comfort.

Una estrecha pasarela de madera flota sobre el
terreno provocando una sensación de ligereza.
El espacio es muy limitado en la propiedad,
pero los jardines la engrandecen y ofrecen
refugio.

CorManca House

Paul Cremoux studio
Mexico City, Mexico
Photos: © Héctor Armanado Herrera and Paul Cremoux

On a 12 meters by 13 meters (39ft by 42ft) plot of land, a monolithic volume is transformed into a cluster of interlocked blocks in order to create luminous indoor spaces.
In addition to being a visual attraction, the vertical garden is a major air quality and humidity control device. Made of four thousand plants, it absorbs 267kg of CO_2 per year.

En una finca de 12 x 13 metros, un volumen monolítico se transforma en un conjunto de bloques interconectados para crear espacios interiores llenos de luz.
Además de su atractivo visual, el jardín vertical proporciona a toda la vivienda aire de mayor calidad y controla la humedad. Hecho con 4.000 plantas, absorbe 267 kg de CO_2 al año.

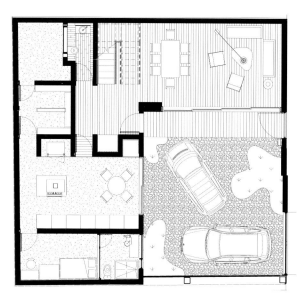

Ground floor plan
Planta baja

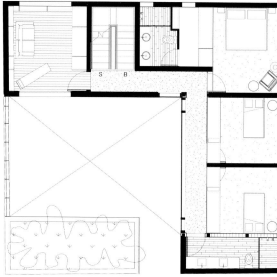

Second floor plan
Segunda planta

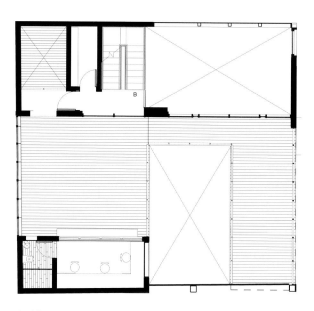

Third floor plan
Tercera planta

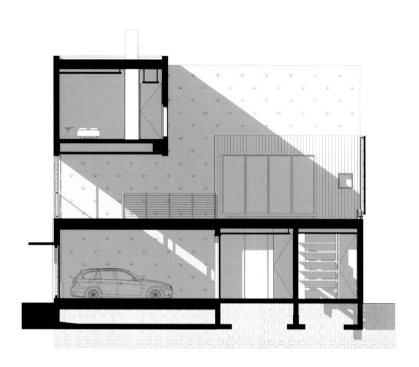

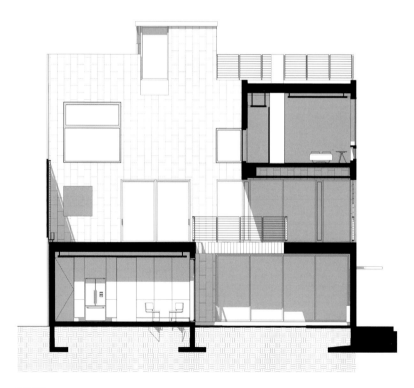

Sections
Secciones

The terrace on the second floor is the main outdoors space for social interaction since the courtyard on the ground floor is mainly reserved for parking.

La terraza del segundo piso es el principal espacio exterior para socializar, ya que el patio en la planta baja se usa exclusivamente como aparcamiento.

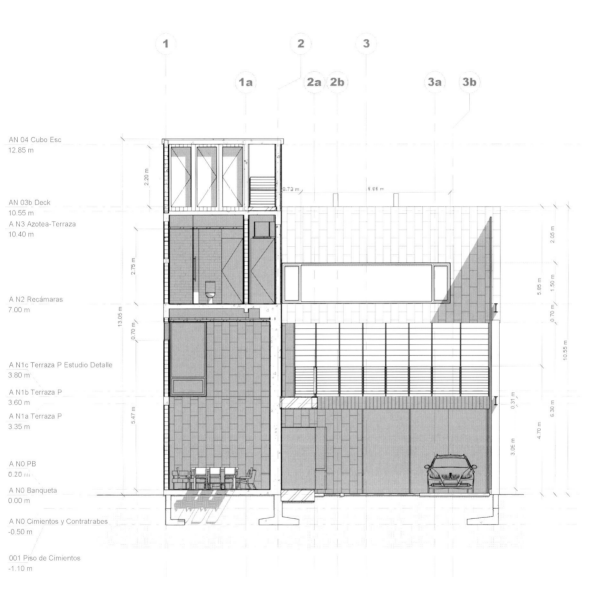

1   1a   2   2a 2b   3   3a 3b

AN 04 Cubo Esc
12.85 m

2.20 m

AN 03b Deck
10.55 m

A N3 Azotea-Terraza
10.40 m

2.75 m

A N2 Recámaras
7.00 m

13.05 m

0.70 m

A N1c Terraza P Estudio Detalle
3.80 m

A N1b Terraza P
3.60 m

A N1a Terraza P
3.35 m

5.47 m

A N0 PB
0.20 m

A N0 Banqueta
0.00 m

A N0 Cimientos y Contratrabes
-0.50 m

001 Piso de Cimientos
-1.10 m

2.05 m

5.85 m   1.50 m   0.70 m

10.55 m

0.31 m

3.05 m   4.70 m   6.30 m

tailed section
cción detallada

Work at home

a21studio
Ho Chi Minh City, Vietnam
Photos © Hiroyuki Oki

The client chose this irregular plot ten minutes from the town centre for the construction of his home and workplace. The intention was to build a green oasis to be a striking counterpoint to the polluted and hectic urban environment in which the elements (water, light, wind) and vegetation mix with human activity.

El cliente escogió una parcela irregular a diez minutos del centro para hacer de ella su hogar y lugar de trabajo. La intención era construir un oasis verde, un contrapunto al poluto y estridente entorno urbano en el que los elementos (agua, luz, viento) y la vegetación se mezclaran con la actividad humana.

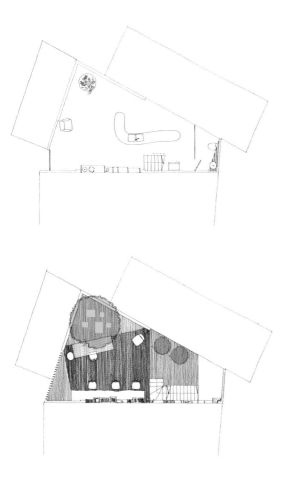

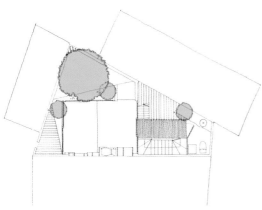

Site plans
Planos de situación

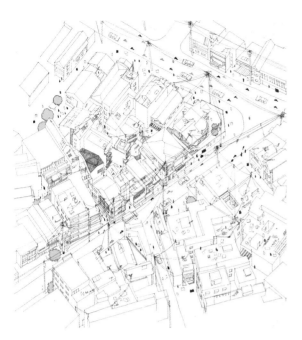

Location plan
Plano de localización

House perspective
Perspectiva de la casa

The floors and stairs form a sort of membrane of wooden planks that filters the light from the skylight on the top floor.

Los suelos y las escaleras forman una especie de membrana de tablones de madera que tamiza la luz procedente de la claraboya del último piso.

Still

Satoshi Kurosaki | APOLLO Architects & Associates
Yotsukaido City, Chiba Pref., Japan
Photos: © Masao Nishikawa

This house, made of concrete, steel and glass, adds to the geometry of its design. At the same time, it is a neutral background for the greenery of its various courtyards.
The architects maximize the connection between interior and exterior spaces by means of bridges, balconies and glassed-in corridors around a central courtyard that gives the house a Zen atmosphere.

Esta casa, hecha de hormigón, acero y cristal exuda geometría en su diseño. A la vez, es un lienzo neutro para las plantas en los patios.
Los arquitectos maximizaron la conexión interior-exterior con puentes, balcones, pasillos con paredes de cristal alrededor del patio central que dan a la vivienda una atmósfera zen.

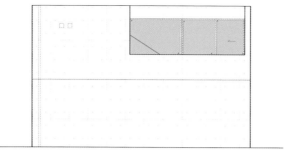

North elevation
Alzado norte

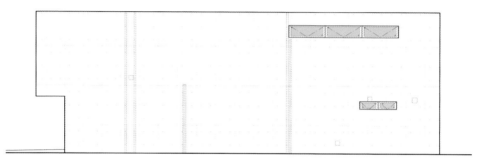

East elevation
Alzado este

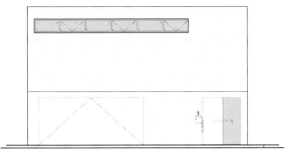

South elevation
Alzado sur

The introverted layout of the house is in response to the client's request for a house where he could find peace and silence. The central courtyard can be enjoyed from the two levels of the house.

El cliente pedía una casa donde encontrar paz y silencio. Como respuesta a esta petición, la casa mira hacia dentro. Se puede disfrutar del patio central desde las dos plantas de la casa.

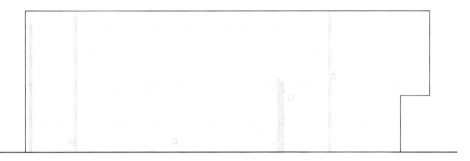

West elevation
Alzado oeste

A. Entry hall
B. Bicycle parking
C. Garage
D. Terrace
E. Bedroom
F. Walk-in-closet
G. Study
H. Bathroom/WC
I. Guestroom
J. Hallway
K. Child room
L. Playroom
M. Balcony
N. Living/Dining/Kitchen
O. Pantry

A. Entrada
B. Parquing de bicicletas
C. Garaje
D. Terraza
E. Dormitorio
F. Guardarropa
G. Estudio
H. Baño/WC
I. Habitación de invitados
J. Pasillo
K. Habitación de los niños
L. Cuarto de juegos
M. Balcón
N. Salón/Comedor/Cocina
O. Despensa

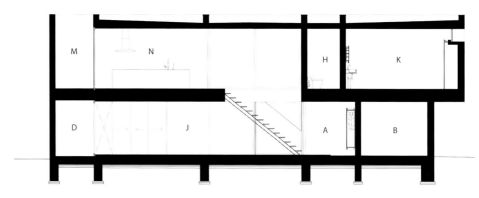

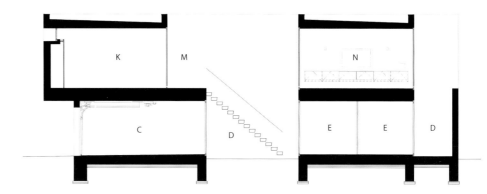

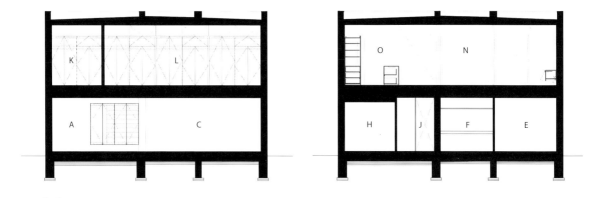

Sections
Secciones

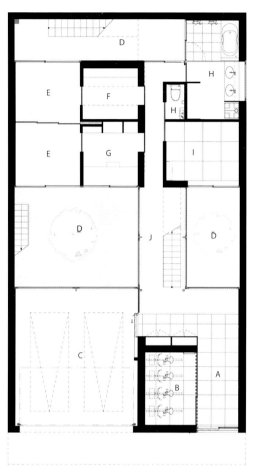

Ground floor plan
Planta baja

Second floor plan
Segunda planta

A. Entry hall   A. Entrada
B. Bicycle parking   B. Parquing de bicicletas
C. Garage   C. Garaje
D. Terrace   D. Terraza
E. Bedroom   E. Dormitorio
F. Walk-in-closet   F. Guardarropa
G. Study   G. Estudio
H. Bathroom/WC   H. Baño/WC
I. Guestroom   I. Habitación de invitados
J. Hallway   J. Pasillo
K. Child room   K. Habitación de los niños
L. Playroom   L. Cuarto de juegos
M. Balcony   M. Balcón
N. Living/Dining/Kitchen N. Salón/Comedor/Cocina
O. Pantry   O. Despensa

Ab Fabul'house

Barthélemy-Ifrah Architecture
Suresnes, France
Photos: © Y. Marchand and R. Meffre

The dense vegetation on this land led to the creation of a project that would take nature into account: a large, planted strip divides the house into two parts, providing light and entangling the house in the ground.

La densa y tupida vegetación del terreno llevó a imaginar un proyecto que tuviese en cuenta la naturaleza: una gran falla vegetal escinde la vivienda en dos partes, ofreciendo luz e intrincando el edificio en el terreno.

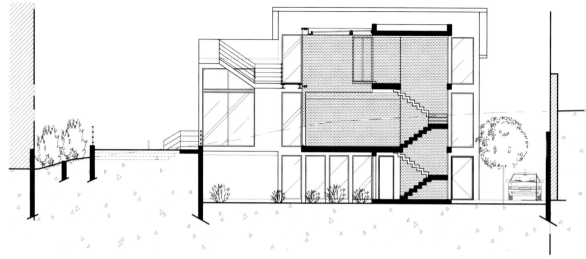

Section
Sección

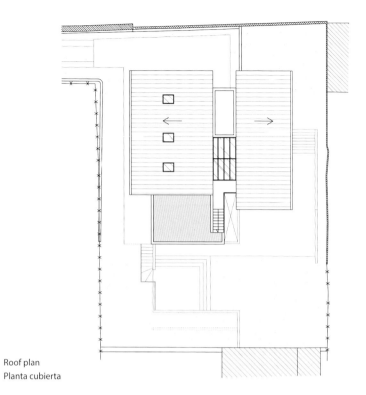

Roof plan
Planta cubierta

Upper floor plan
Planta superior

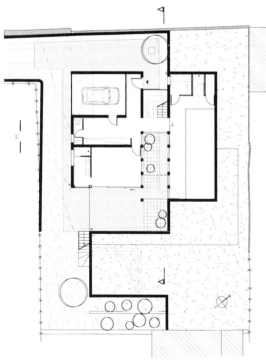

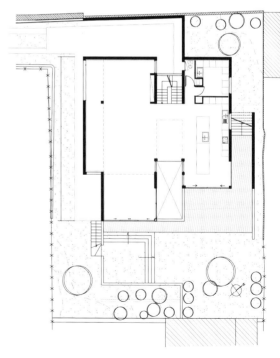

Lower floor plan
Planta inferior

Ground floor plan
Planta baja

Black Pearl

Zecc Architecten
Rotterdam, Netherlands
Photos © Frank Hanswijk

The remodelling of this old house allowed the architects to experiment with time and space. The front has been painted black, along with the bricks, and the window glass and frames. New windows of various sizes have been added, bringing the exterior of the house up to date. Inside, the colour contrasts with the texture of the building materials.

La reforma de esta antigua casa permitió a los arquitectos experimentar con el tiempo y el espacio. La fachada se ha pintado de negro, así como los ladrillos, los marcos y los cristales de las ventanas. Se han abierto nuevas ventanas de tamaños dispares que modernizan el exterior de la casa. En su interior, el color contrasta con la textura de los materiales de construcción.

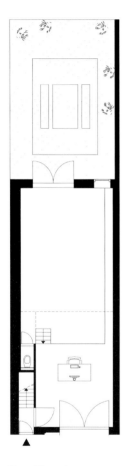

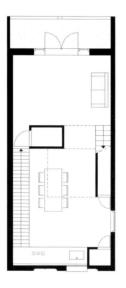

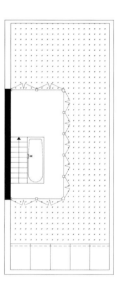

Ground floor plan
Planta baja

Second floor plan
Segunda planta

Third floor plan
Tercera planta

Rooftop plan
Planta azotea

131

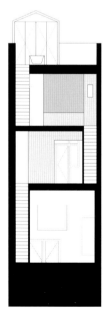

Sections
Secciones

Cabo House

Andrés Remy Arquitectos
Landscape architect: Leandro La Bella
Benavidez, Buenos Aires, Argentina
Photos: © Alejandro Peral

Inside, a double-height central green space allows the air to circulate freely, provides indirect overhead light and criss-crosses the views from one area of the house to another. The pool is strategically located on the edge of the plot, where it enjoys all-day sun and benefits from the best views of the lake.

En el interior, un espacio verde central a doble altura permite la circulación de aire con total libertad, aporta luz cenital indirecta y el cruce de puntos de vista entre las diferentes áreas de la casa. La piscina se encuentra estratégicamente ubicada en el borde de la parcela, donde aprovecha el sol durante todo el día y, al mismo tiempo, ofrece las mejores vistas al lago.

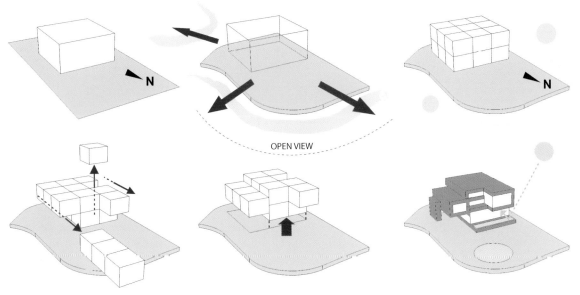

OPEN VIEW

Massing diagrams
Diagramas de los volúmenes

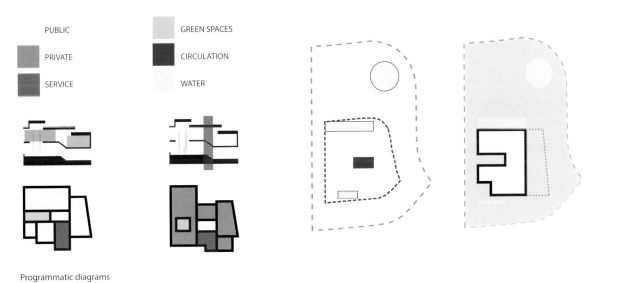

PUBLIC

PRIVATE

SERVICE

GREEN SPACES

CIRCULATION

WATER

Programmatic diagrams
Diagramas programáticos

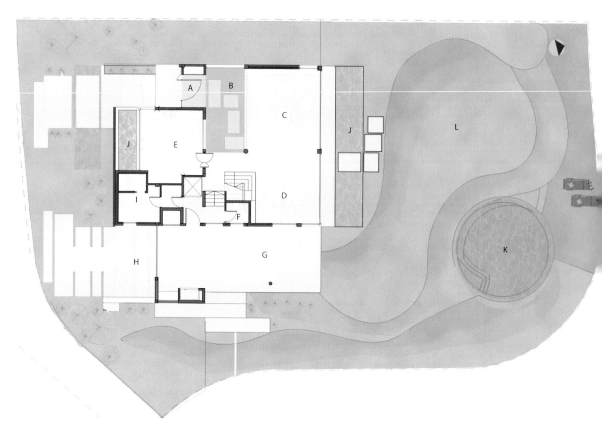

Ground floor plan
Planta baja

A. Entry
B. Patio
C. Living room
D. Dining room
E. Kitchen
F. Guest bathroom
G. Outdoor dining

H. Garage
I. Staff bedroom
J. Reflective pool
K. Pool
L. Garden
M. Master bedroom
N. Master bathroom

O. Balcony
P. Office
Q. Bedroom
R. Bathroom
S. Laundry room
T. Storage

A. Entrada
B. Patio
C. Sala de estar
D. Comedor
E. Cocina
F. Baño de invitados
G. Comedor exterior

H. Garaje
I. Dormitorio de servicio
J. Piscina reflectante
K. Piscina
L. Jardín
M. Dormitorio principal
N. Baño principal

O. Balcón
P. Oficina
Q. Dormitorio
R. Baño
S. Cuarto de lavado
T. Almacenamiento

Second floor plan
Segunda planta